BEI GRIN MACHT SICH IHR
WISSEN BEZAHLT

- Wir veröffentlichen Ihre Hausarbeit,
  Bachelor- und Masterarbeit

- Ihr eigenes eBook und Buch -
  weltweit in allen wichtigen Shops

- Verdienen Sie an jedem Verkauf

Jetzt bei www.GRIN.com hochladen
und kostenlos publizieren

Bibliografische Information der Deutschen Nationalbibliothek:

Die Deutsche Bibliothek verzeichnet diese Publikation in der Deutschen National-
bibliografie; detaillierte bibliografische Daten sind im Internet über http://dnb.d-
nb.de/ abrufbar.

Impressum:

Copyright © 2014 GRIN Verlag, Open Publishing GmbH
Druck und Bindung: Books on Demand GmbH, Norderstedt Germany
ISBN: 978-3-668-04606-1

Dieses Buch bei GRIN:

http://www.grin.com/de/e-book/306771/cloud-computing-in-der-versicherungsbran-
che

Lisa Eicker

Cloud Computing in der Versicherungsbranche

Sichere Infrastrukturen und Standardisierung mittels der Trusted German Insurance Cloud

GRIN Verlag

GRIN - Your knowledge has value

Der GRIN Verlag publiziert seit 1998 wissenschaftliche Arbeiten von Studenten, Hochschullehrern und anderen Akademikern als eBook und gedrucktes Buch. Die Verlagswebsite www.grin.com ist die ideale Plattform zur Veröffentlichung von Hausarbeiten, Abschlussarbeiten, wissenschaftlichen Aufsätzen, Dissertationen und Fachbüchern.

Besuchen Sie uns im Internet:

http://www.grin.com/

http://www.facebook.com/grincom

http://www.twitter.com/grin_com

FOM Hochschule für Oekonomie & Management

Studienzentrum Düsseldorf

Seminararbeit

Cloud Computing in der Versicherungsbranche
Sichere Infrastrukturen und Standardisierung in der Trusted German Insurance Cloud

Lisa Eicker

2014

Lehrveranstaltung   IT-Architekturen und Sicherheitsmanagement

Studiengang   IT-Management

Inhalt

I. Abbildungsverzeichnis

II. Abkürzungsverzeichnis

BITKOM	Bundesverband Informationswirtschaft, Telekommunikation und neue Medien e.V.
BSI	Bundesamt für Sicherheit in der Informationstechnik
BYOD	Bring Your Own Device
CeBIT	Centrum für Büroautomation, Informationstechnologie und Telekommunikation
GDV	Gesamtverband der Deutschen Versicherungswirtschaft
IaaS	Infrastructure as a Service
ISTS	Insurance Security Token Service
ITC	Insurance Trust Center
LAN	Local Area Network
mTAN	mobile Transaktionsnummer
nPA	neuer Personalausweis
PaaS	Platform as a Service
SaaS	Software as a Service
TGIC	Trusted German Insurance Cloud

1. Einleitung

Am 11.03.2014 erhielt der Gesamtverband der Deutschen Versicherungswirtschaft (GDV) für die Trusted German Insurance Cloud (TGIC) auf der CeBIT in Hannover ein staatliches Prüfsiegel (ISO-27001-Zertifikat) für den höchsten Sicherheitsstandard in einer Cloud. Gemeinsam mit dem Bundesamt für Sicherheit in der Informationstechnik (BSI) wurden Sicherheitsstandards auf höchstem Niveau entwickelt, um vor allem das Vertrauen von Kunden in Zeiten von zunehmender Cyberkriminalität zu stärken und die Akzeptanz von Cloud-Lösungen zu vergrößern. „Mit der Zertifizierung ihrer sicheren Infrastruktur nimmt die Versicherungswirtschaft eine Vorreiterrolle ein."[1]

Die Entwicklung zur Anwendung von Cloud Computing hat zahlreiche Ursachen, die sowohl technischer als auch wirtschaftlicher Natur sind. Die IT eines Versicherungsunternehmens ist inzwischen zu einem der wichtigsten Wettbewerbsfaktoren geworden. Bei zunehmendem Wettbewerb auf dem Versicherungsmarkt steigen die Anforderungen durch Aufsicht und Regulation. Gleichzeitig steigt auch die Menge der Informationen, die aus Quellen wie Mobilfunk oder sozialen Netzwerken gewonnen wird, weiter an. Die Themen Kostenreduzierung und Innovationen rücken immer stärker in den Fokus der Unternehmen.

Cloud Computing bietet der Branche zahlreiche Chancen, stellt sie aber gleichzeitig vor oft neue unbekannte Herausforderungen. Schon heute halten viele Versicherungsunternehmen Cloud-Strategien für wichtig und notwendig, um Geschäftsprozesse zu optimieren und um die eigene Wettbewerbsfähigkeit zu erhalten und weiter auszubauen.[2] Sie fürchten sich jedoch immer noch vor Problemen mit der Datensicherheit.

Von diesen Themen handelt der Inhalt dieser Arbeit. Den Einstieg in die Thematik bildet das Kapitel zwei. Darin werden die aktuellen Herausforderungen in der Versicherungsbranche erläutert. Kapitel drei ist Schwerpunkt der Arbeit und beschäftigt sich mit dem Thema Cloud Computing in der Versicherungsbranche. Es soll unter anderem beantwortet werden, welche Rolle Cloud Computing aktuell in der Versicherungsbranche spielt und welche Chancen und Risiken sich daraus ergeben. Mit der TGIC wird ein

---

[1] Pott, U. (2014).
[2] Vgl. o.V. (2012), S. 19.

aktuelles Anwendungsbeispiel von Cloud Computing in der Versicherungsbranche vorgestellt.

Zur Anfertigung der Arbeit wurden aktuelle Artikel und Veröffentlichungen vom GDV, BSI und BITKOM herangezogen. Genannte Zahlen und Fakten stammen aus aktuellen Studien und Nachrichten. Außerdem sind zahlreiche Zitate von namhaften Persönlichkeiten aus der Versicherungsbranche zu finden.

1.1. Fragestellung

Mit Hilfe der Arbeit soll die Frage beantwortet werden, inwiefern Cloud Computing in der Versicherungsbranche eingesetzt werden kann.

1.2. Zielsetzung

Ausgehend von den Herausforderungen der Versicherungsbranche soll gezeigt werden, dass sich Versicherungsunternehmen auf die Suche nach Einsparungs- und Standardisierungsmöglichkeiten machen müssen. Diese können Sie durch Cloud Computing erreichen. Denn Clouds bieten Versicherungsunternehmen zahlreiche Vorteile, sodass die Relevanz immer mehr steigt und Clouds Einzug in deutsche Versicherungsunternehmen halten.

Mit Hilfe der Arbeit soll beantwortet werden, welche Prozesse in einer Cloud abgebildet werden können. Außerdem soll ein Beispiel einer Cloud gegeben werden, welche derzeit getestet wird und zukünftig von Versicherungsunternehmen genutzt werden soll.

1.3. Motivation

Bereits bei vielen Privatpersonen reicht der Speicherplatz auf der Festplatte des Computers nicht mehr aus, um die vielen Daten zu speichern. Auch von unterwegs möchte man jederzeit Zugriff auf seine Daten haben. Deshalb nutzen bereits einige Privatpersonen Clouds, um Fotos, Filme oder Dokumente abzulegen und Freunden, Bekannten oder Kollegen zur Verfügung zu stellen. Gängige Cloud-Anbieter, die Privatpersonen ihre

Dienste meist kostenlos zur Verfügung stellen, sind zum Beispiel Dropbox, SkyDrive, Google Drive oder Apple iCloud. Bei der Nutzung von Clouds stellen sich auch Privatpersonen insbesondere in Zeiten der NSA-Affäre die Frage, wie sicher Daten in der Cloud sind. Es ist deshalb nicht verwunderlich, dass auch Unternehmen, insbesondere solche, die mit sensiblen kundenbezogenen Daten arbeiten, Bedenken bei der Nutzung von Clouds haben. Die Entwicklung der TGIC für die Versicherungsbranche als Erweiterung des alt bewährten GDV-Branchennetzes stellt somit einen wichtigen Schritt im Hinblick auf zukünftige Entwicklungen dar.

2. Herausforderungen der Versicherungsbranche

Obwohl die Versicherungsbranche 2013 ein „respektables Geschäftsergebnis" erreichen konnte, ist die Branche nicht nur durch die Krise der Eurozone großen Herausforderungen ausgesetzt.[3] Bei stetig steigenden Kosten wächst der Gesamtmarkt nur noch wenig. Neue Risiken, zum Beispiel aus der Versicherung von Offshore-Windparks, sind kaum in der Lage die Wachstumsschwäche auszugleichen.[4]

Das veränderte Kundenverhalten durch die Internetisierung der Gesellschaft, steigende Compliance-Anforderungen und die immer größer werdende Produkt- und Vertriebsvielfalt beschäftigen die Versicherungsunternehmen enorm.

Doch welche Auswirkungen haben diese Herausforderungen auf die Versicherungsunternehmen?

2.1. Verändertes Kundenverhalten

Eine Studie hat gezeigt, dass die Loyalität von Kunden gegenüber Versicherungsunternehmen und deren Vertriebspartnern im Vergleich zu Kunden anderer Branchen extrem niedrig ist.[5] Dies liegt vor allem daran, dass die Kunden immer anspruchsvoller werden. Sie verlangen auch im Versicherungsbereich maßgeschneiderte Lösungen möglichst

---

[3] Vgl. Ketzer, Dr. R., Pötter, C. (2014), S. 5.
[4] Vgl. Gutberlet, Dr. K.-W. (2013), S. 3.
[5] Vgl. Bain & Company (2013), S. 4.

nach dem Baukastenprinzip und ubiquitäre Informationen, die für Transparenz im Versicherungsgeschäft sorgen. Serviceerfahrungen, die Kunden in anderen Branchen gemacht haben, übertragen sie auf die Versicherungsbranche.[6] Auf diese Weise entsteht eine höhere Erwartungshaltung gegenüber dem Versicherungsunternehmen hinsichtlich Service und Qualität.

Die neuen Medien insbesondere die „Online-Medien steuern und beeinflussen das Kundenverhalten und die Loyalität der Kunden in bisher nicht vorstellbaren Ausmaß und Geschwindigkeit".[7] Durch die zunehmende Digitalisierung und Internetisierung erwarten Kunden auch eine Ansprache über elektronische und soziale Medien.

Das veränderte Kundenverhalten stellt somit neue Anforderungen an die Interoperabilität zwischen Kunden, Versicherungsunternehmen und Dienstleistern. Die Geschäftsprozesse müssen gemäß den Kundenwünschen angepasst werden.

2.2. Steigende Compliance-Anforderungen

Die regulatorischen Anforderungen an Versicherungsunternehmen durch den Gesetzgeber und den Gesamtverband der Deutschen Versicherungswirtschaft (Selbstregulierung) nehmen immer mehr zu. „Veränderungen in Gesetzen erfolgen in immer kürzeren Abständen mit immer größeren Auswirkungen."[8] Der Aufwand für die Umsetzung nimmt permanent zu und macht insbesondere kleineren Versicherungsunternehmen zu schaffen.

Die fortschreitende Regulierung durch den Gesetzgeber und die Selbstregulierung führt zu steigenden Administrationsaufwänden, was im Umkehrschluss bedeutet, dass weniger Zeit für die Kundenpflege und -beratung bleibt. So wurde im November 2013 zum Beispiel über einen „Beipackzettel" für Finanzprodukte im EU-Parlament abgestimmt.[9] Im Februar 2014 folgte dann ein Richtlinienvorschlag zur Versicherungsvermittlung (IMD 2), welcher die Offenlegung von Provisionen auf Kundennachfrage vorsieht.[10]

---

[6] Vgl. Schmallenbach, C. (2013), S. 2.
[7] Friedrich, G. (2012), S. 6.
[8] Schmidt, W. (2012), S. 3.
[9] Vgl. FONDS professionell online (2014).
[10] Vgl. Cash.online (2014).

Einige Versicherungsunternehmen sind außerdem bereits dem sogenannten Code of Conduct beigetreten, mit dem sich Versicherungsunternehmen freiwillig verpflichten, Verhaltensregeln für die Datenverarbeitung einzuhalten.[11] In Zeiten von zunehmenden Angriffen über das Internet sind die Sicherheit von Daten und der Schutz der IT-Infrastruktur vor unerlaubten Zugriffen wichtiger denn je. „Gerade für die Versicherungswirtschaft sind die Daten, die den Unternehmen von ihren Kunden anvertraut werden, das wichtigste Gut. IT-Sicherheit hat deshalb für die Versicherer höchste Priorität."[12]

2.3. Hohe Produkt- und Vertriebsvielfalt

Durch gesellschaftliche Veränderungen haben sich die Bedürfnisse von Kunden gewandelt, „sodass individualisierte Produkte und Leistungen angeboten werden müssen."[13] Dadurch ist eine immer größer werdende Produktvielfalt entstanden, die den Versicherungsmarkt komplexer macht. Auch die Verschiebung der Altersstruktur und die Verkleinerung der Gesellschaft führen zu einer Intensivierung des Wettbewerbs hinsichtlich Preis, Produkt- und Servicequalität.[14]

Neue Formen des Versicherungsvertriebs und -betriebs ergänzen die klassischen Formen.[15] Neben der klassischen Ausschließlichkeitsorganisation, dem Vertrieb über Makler und Mehrfachagenten spielen heute Pools, Direktanbieter und Vergleicher eine größere Rolle als früher. Der Wettbewerbsdruck wird durch die neuen Marktplayer immer größer.

Im Ergebnis wird die tägliche Arbeit bei schwindenden Margen durch die oben genannten Herausforderungen immer komplizierter und aufwändiger. Vertriebe, Versicherungsunternehmen und sonstige Dienstleiter müssen in ihrer Zusammenarbeit effizienter werden, um den Herausforderungen weiterhin gewachsen zu sein. Deshalb wird bei der Kommunikation mehr auf Standards und normierte Schnittstellen gesetzt, um bestmöglich auf die sich verändernde Marktlage reagieren zu können. Cloud Computing bietet

---

[11] Vgl. Gesamtverband der Deutschen Versicherungswirtschaft (2013).
[12] Ebenda.
[13] Griesl, E., S.1.
[14] Vgl. Friedrich, G. (2012), S. 6.
[15] Vgl. ebenda.

Versicherungsunternehmen in diesem Zusammenhang zahlreiche Einsparungs- und Standardisierungsmöglichkeiten.

3. Cloud Computing in der Versicherungsbranche

Schätzungen zufolge arbeiten bereits heute über ein Drittel der deutschen Unternehmen mit Cloud-Lösungen. Seit längerem beschäftigen sich auch Versicherungsunternehmen auf der Suche nach Einsparungs- und Standardisierungsmöglichkeiten mit diesem Thema und entwickeln mit Telekommunikationsunternehmen oder internationalen Softwareherstellern eigene Cloud-Lösungen.[16] Dabei geht es Versicherungsunternehmen „in erster Linie darum, einen erfahrenen Service-Partner zu finden, der Cloud-Dienste anbieten kann, die auf die speziellen Bedürfnisse der hochregulierten Branche zugeschnitten sind."[17] Auf diese Weise können Versicherungsunternehmen von den Vorteilen von Cloud-Services profitieren und ihre Kosten optimieren. Zudem können sie ein höheres Maß an Flexibilität erreichen und frühzeitig auf Entwicklungen wie zum Beispiel durch Bring Your Own Device (BYOD) reagieren.

In den folgenden Kapiteln soll erläutert werden, wie Clouds im Vergleich zu klassischen IT-Strukturen bei Maklern und Mehrfachagenten funktionieren und welche Chancen und Risiken sich daraus ergeben.

3.1. Funktionsweise einer Cloud

In den klassischen IT-Strukturen bei Maklern und Mehrfachagenten steht ein Server im Mittelpunkt, auf den die im Netzwerk angeschlossenen Rechner zugreifen. Kundendaten, E-Mailkorrespondenz, Verträge und Programme werden zentral auf diesem Server gespeichert. Die angeschlossenen Rechner kommunizieren untereinander und mit dem Server in einem abgeschlossenen lokalen Netzwerk, dem sogenannten Local Area Network (LAN). Der physikalische Datenaustausch erfolgt über eine kabelgebundene oder drahtlose Infrastruktur. Zum Schutz vor unrechtmäßigen Zugriff auf firmeninterne Da-

---

[16] Vgl. Das Tagesbriefing für die Versicherungswirtschaft (2014).
[17] Ebenda.

ten ist der Zugang zum Internet über eine Firewall und ein Rechtemanagement eingeschränkt.

Die Schwächen dieser Struktur liegen darin, dass Server und Rechner regelmäßig auf den neusten Stand der Technik gebracht werden müssen. Dafür müssen teure Softwarelizenzen und Programme manuell installiert und konfiguriert werden. Die Installation auf dem lokalen Netz ist somit aufwändig und unflexibel.

Im Vergleich zu klassischen Ansätzen flexibilisiert Cloud Computing die IT-Bereitstellung in vielen Bereichen. „Durch seine Vorzüge hat Cloud Computing das Potential mittel- bis langfristig einen beträchtlichen Teil der traditionellen IT-Leistungsangebote zu ersetzen."[18]

Um zu verstehen, worin die Chancen und Risiken von Cloud Computing in der Versicherungsbranche liegen, soll zunächst erläutert werden, wie eine Cloud aufgebaut ist und funktioniert.

Cloud-Services lassen sich in ein hierarchisches 3-Schichten-Modell gliedern. Die einzelnen Schichten werden als sogenannte „Service-Modelle" eingesetzt. Cloud Computing geht somit über die bloße Bereitstellung von Speicherplatz hinaus und beschreibt die Nutzung von Software- und sonstigen Dienstleistungen.

3.1.1. Infrastructure as a Service

Infrastructure as a Service (IaaS) beschreibt die Bereitstellung von virtualisierter und in hohem Maß standardisierter IT-Infrastruktur. Dabei werden dem Kunden Datenspeicherung und Rechenleistung zur „Miete" zur Verfügung gestellt.[19] Der Kunde zahlt somit nur das, was er auch tatsächlich braucht: Abrechnungsgrundlage sind die genutzten Gigabyte pro Zeiteinheit und Datenaufkommen. Die Kosten liegen derzeit bei etwa 0,12€ pro Gigabyte und 0,09€ pro Stunde für den Speicherverbrauch pro Zeiteinheit.[20]

---

[18] BITKOM (2009), S. 12.
[19] Vgl. Metafinanz Informationssysteme GmbH (2011), S. 2.
[20] Vgl. O.V. (2011), S. 12.

3.1.2. Platform as a Service

Platform as a Service (PaaS) dient als Laufzeit- und Entwicklungsplattform und geht somit über die bloße Bereitstellung von Standardsoftware hinaus. „Der PaaS-Provider stellt eine komplette Infrastruktur bereit und bietet dem Kunden auf der Plattform standardisierte Schnittstellen an, die von Diensten des Kunden genutzt werden können."[21] Entwickler haben somit die Möglichkeit eigene Anwendungen zu entwickeln und hochzuladen. Der Provider stellt dann den Betrieb sicher. Dienstleistungen für solche Entwickler-Plattformen richten sich deshalb vornehmlich an Anwendungsentwickler und Systemarchitekten.[22]

3.1.3. Software as a Service

Die dritte Schicht stellt Software as a Service (SaaS) dar und umfasst in der Regel standardisierte Dienstleistungen, die der Anwender über das Internet beziehen kann.[23] Dabei werden Applikationen durch den IT-Dienstleister auf dessen Servern betrieben und nicht auf den IT-Ressourcen der Kunden. Beispiele für Anwendungen aus dem Versicherungsbereich sind zum Beispiel das Kundendatenmanagement, die Finanzbuchhaltung oder die Textverarbeitung.

Abbildung 1 zeigt beispielhaft einige Cloud-Services, die in der Versicherungsbranche genutzt werden können.

---

[21] Bundesamt für Datensicherheit (2012), S. 27.
[22] Vgl. O.V. (2011), S. 11.
[23] Vgl. ebenda.

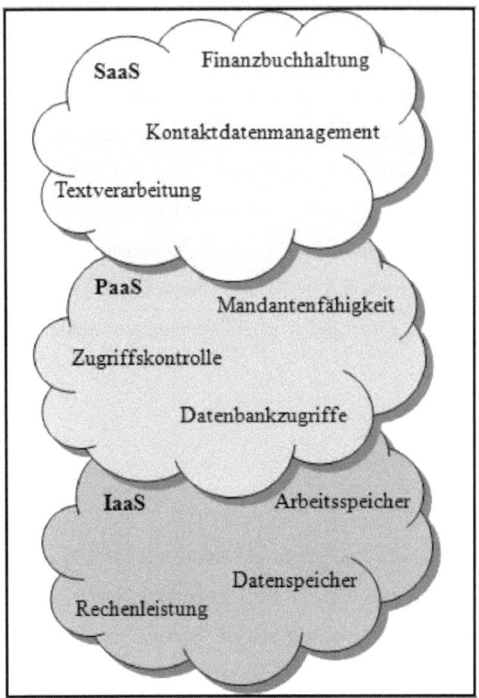

Abbildung 1 Cloud-Services Versicherungsbranche, eigene Darstellung

In folgendem Kapitel soll anhand eines Beispielszenarios gezeigt werden, wer an einer Schadenregulierung beteiligt ist und wie eine Cloud in diesem Zusammenhang genutzt werden könnte.

3.1.4. Beispielszenario: Versicherungsprozesse in einer Cloud

Generell sind alle Prozesse im Versicherungsbereich geeignet, die dem Massengeschäft zugeordnet werden können. Dies sind zum Beispiel Prozesse, die in Verbindung mit den Sparten Sach- oder Kraftfahrtversicherung stehen. Nicht geeignet sind hingegen individualisierte Prozesse aus dem Industrie-, Kranken- oder Rückversicherungsbereich.

So können zum Beispiel Prozesse, die in Verbindung mit großräumigen Hagelschäden stehen, in einer Cloud abgebildet werden. In diesem Fall sind u.a. die Kraftfahrt-, Wohngebäude- und Glasversicherung von dem Schaden betroffen. Ebenfalls sind Callcenter, der Versicherungsagent, die Schadenabteilung, Sachverständige und Gutachter sowie Werkstätten am Regulierungsprozess beteiligt.

Daten und Anwendungen, die im Rahmen des Regulierungsprozesses anfallen bzw. im Rahmen des Regulierungsprozesses genutzt werden müssen, könnten innerhalb der Cloud abgelegt werden. Sachbearbeiter, Sachverständige, die Schadenabteilung oder Werkstätten könnten für die Cloud zugelassen werden, Daten für andere Beteiligte bereitstellen und auf Anwendungen in der Cloud zugreifen.

Voraussetzung dafür, dass die Prozesse in einer Cloud ablaufen können ist, dass alle Prozessbeteiligten über alle Anwendungen hinweg bekannt sind und definierte Aufgaben und Kompetenzen haben.[24]

Die folgende Grafik veranschaulicht das vorher geschilderte Beispielszenario.

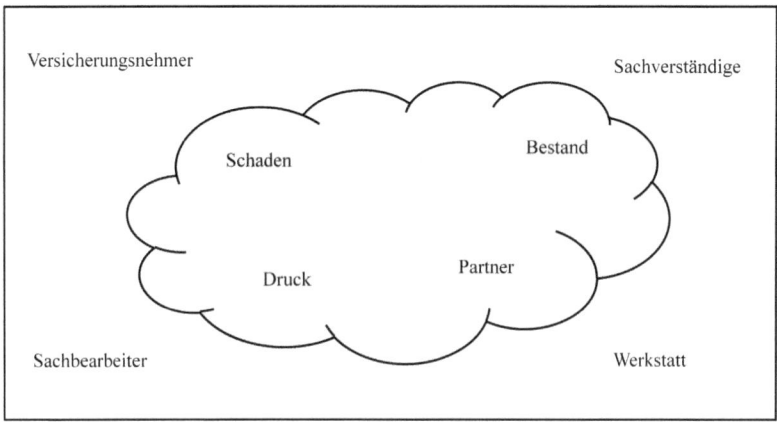

Abbildung 2 Beispielszenario Hagelschaden[25]

---

[24] Vgl. Schardt, R. (2013), S. 11.
[25] Eigene Abbildung nach: Schardt, R. (2013): S. 11.

3.2. Chancen und Risiken von Cloud Computing

Cloud Services bieten eine attraktive Lösung für die heutigen Herausforderungen in der Versicherungsbranche. Hierbei kann Cloud Computing zu Verbesserungen hinsichtlich Flexibilität und Effizienz führen. Allerdings kann Cloud Computing auch mit Risiken verbunden sein. In diesem Zusammenhang spielt vor allem die Sicherheit bei der Datenspeicherung und bei der Datenübertragung eine wichtige Rolle.

Im Folgenden werden die Chancen und Risiken von Cloud Computing erläutert.

3.2.1. Effizienz, Skalierbarkeit und Flexibilität

Dadurch dass keine zusätzlichen Investitionen in Hard- und Software notwendig sind, ist die Nutzung von Cloud Computing besonders kosteneffizient. Kosteneffizienz kann auch durch intensive Nutzung von Virtualisierung und Standardisierung erreicht werden. Zusätzlich können Kosten für die Wartung reduziert werden. Auf diesem Weg steckt in Cloud Computing ein Kostensenkungspotential von bis zu 25%. „Kostentransparenz wird über eine bedarfsorientierte Abrechnung gewährleistet."[26] Das bedeutet, dass Cloud-Services vom Kunden selbst in Art und Umfang angepasst und somit auf veränderte Bedürfnisse zugeschnitten werden können. Die Bezahlung erfolgt dementsprechend nutzenorientiert (Pay-as-you-go). In Zeiten von Jahresendgeschäft und Beitragsanpassungen kann somit der Bedarf ad-hoc nach oben skaliert werden.[27]

Innerhalb sehr kurzer Zeit stehen Programmierern komplexe Entwicklungsumgebungen zur Verfügung, sodass Wettbewerbsvorteile durch die schnellere Bereitstellung neuer Anwendungen entstehen können. Implementierungen, die häufig zeit- und kostenintensiv sind, können eingespart werden.[28]

Für Versicherungsmakler entsteht weniger Administrationsaufwand, da dieser Aufwand durch den SaaS-Anbieter übernommen wird. Zusätzlich kann der Kunde jederzeit und von überall auf der Welt auf die Cloud zugreifen. Der Zugriff ist plattformunabhängig

---

[26] O.V. (2011), S. 11.
[27] Vgl. ebenda.
[28] Vgl. ebenda.

und kann von jedem Endgerät (zum Beispiel Smartphone oder Tablet) mit Hilfe des Internets und einem Browser erfolgen.

3.2.2. Datensicherheit und Datenschutz

Viele große Unternehmen darunter auch viele Versicherungsunternehmen haben sich lange Zeit trotz der genannten Vorteile gegen Cloud-Konzepte gewehrt. Das Risiko, dass unternehmenskritische Daten zum Konkurrenten geraten oder dass kundenbezogene Daten weitergegeben werden oder verloren gehen könnten, war vielen Unternehmen zu groß, da es keine ausreichende Transparenz bei der geographischen Lage der gespeicherten Daten gab. Im Hinblick auf Sicherheit in einer Cloud kann man zwischen Datensicherheit und Datenschutz bei der Datenspeicherung und bei der Datenübertragung unterscheiden.

Hinsichtlich der Datenspeicherung muss beachtet werden, dass sich Cloud-Nutzer einen gemeinsamen Speicher teilen. Deshalb ist es wichtig, dass eine sichere Trennung von Kundendaten stattfindet. „Ist die Webanwendung (geteilte Applikationen) unsicher programmiert, dann könnte ein Kunde z.B. über eine SQL-Injection unerlaubt auf die Daten eines anderen Kunden zugreifen, diese löschen oder manipulieren."[29]

Bei der Datenübertragung besteht das Risiko für Makler und Versicherungsvermittler dann, „wenn ihre Daten und Programme den mutmaßlich sicheren Bereich der lokalen Datenverarbeitung verlassen und sie kaum mehr Einfluss darauf nehmen können, was damit passiert."[30] Deshalb ist eine verschlüsselte Datenübertragung zum Beispiel über SSL- oder TLS-Verschlüsselung unabdingbar. Bestehen in der Cloud Sicherheitslücken, so werden diese mit allen Anwendern geteilt, da man eine gemeinsame „Schicksalsgemeinschaft" ist.[31] Außerdem sind ein regelmäßiger Wechsel des Logins und starke Authentifizierungsmechanismen wie eine Zwei-Faktor-Authentifizierung zu empfehlen. Die Vergabe von Zugriffsrechten sollte nach dem Need-to-know-Prinzip erfolgen. Die verteilten Rollen und Rechte sollten in regelmäßigen Abständen geprüft werden.[32]

---

[29] Bundesamt für Datensicherheit (2012), S. 37.
[30] Zwick, M. (2013), S. 11.
[31] Vgl. ebenda.
[32] Vgl. Fallenbeck, N.; Windhorst, I. (2014).

Einige Unternehmen befürchten außerdem, dass sie die Kontrolle über ihren IT-Betrieb verlieren könnten, wenn sie zur Bereitstellung ihrer entscheidenden Prozesse völlig von einem Cloud-Provider abhängig sind.

Inzwischen steigt das Vertrauen in die neuen Cloud-Technologien. Trotzdem werden oftmals nur einfache Dienste über eine private Cloud genutzt, bei geschäftskritischen Systemen herrscht weiterhin Zurückhaltung.

Zusammenfassend kann man sagen, dass bei Cloud Computing ähnliche Schwachstellen bestehen wie bei lokalen Lösungen. Deshalb ist es wichtig, dass der Anwender die Sicherheitsvorkehrungen ausreichend analysiert und in die eigene Betrachtung mit einbezieht. Findet die Risikoanalyse nicht oder nur unzureichend statt, weil zum Beispiel nicht genügend Informationen vom Cloud-Provider zur Verfügung gestellt werden, so kann schnell ein nicht einschätzbares Risiko mit weitreichenden Folgen für das Unternehmen entstehen.

In folgenden Kapiteln soll die TGIC als Weiterentwicklung des GDV-Branchennetzes als aktuelles Beispiel von Cloud Computing in der Versicherungsbranche vorgestellt werden.

4. Die TGIC als ein Anwendungsbeispiel von Cloud Computing in der Versicherungsbranche

Seit 1993 gibt es das Branchennetz des GDV, welches dem sicheren Austausch von Daten zwischen Versicherungsunternehmen und externen Kommunikationspartnern dient (Business-to-Business-Kommunikation). Dies sind in erster Linie Behörden wie Kfz-Zulassungsstellen, das Kraftfahrtbundesamt, Straßenverkehrsbehörden, Rechtsanwälte aber auch Vermittler. Das GDV-Branchennetz und die TGIC dienen außerdem als Servicegeber in den Bereichen E-Government und E-Business. Über das GDV-Branchennetz werden bereits jährlich rund 170 Millionen Transaktionen abgewickelt.[33] Beim GDV-Branchennetz handelt es sich um ein geschlossenes Netz mit festen, eigenen IP-Adressen der Kommunikationspartner basierend auf der Message-Queuing-Technik von IBM („Webphere M" oder „MQ Series").[34] Nachteil dieser Technik ist, dass jeder Teilnehmer die IBM-Technik bei sich installieren muss, „was leicht Kosten von mehreren Zehntausend Euro verursacht".[35] Für große Versicherungsunternehmen sind diese Kosten leicht zu tragen, aber nicht für viele andere Teilnehmer an den Geschäftsprozessen der Assekuranzbranche wie zum Beispiel Makler, Rechtsanwälte oder Vertragswerkstätten.

Schritt für Schritt soll das GDV-Branchennetz „um moderne, standardisierte, webbasierte Kommunikationsverfahren erweitert werden, wobei das bestehende Sicherheitsniveau (…) gewahrt bleiben muss."[36] Standardisierung wird in Form von sogenannter Quality Gates erreicht. So gibt es Quality Gates für die Business Infrastruktur, die Anwendungsarchitektur und für den Service-Betrieb.[37]

Der Beschluss, eine private Cloud, die sogenannte „TGIC", mit hohen Sicherheitsstandards zu bauen, wurde bereits 2012 gefasst und verspricht eine Verdoppelung der über das Netz ausgetauschten Nachrichten mit Hilfe von neuen Services.[38] Seit Dezember 2013 läuft die TGIC und wird von einer Handvoll Versicherungsunternehmen getestet – darunter Generali Deutschland, Provinzial Rheinland, LVM, Barmenia, Allianz, HUK

---

[33] Vgl. Gesamtverband der Deutschen Versicherungswirtschaft (2014).
[34] Vgl. Quack, K. (2013).
[35] Ebenda.
[36] Peters, J. (2013), S. 12.
[37] Vgl. Friedrich, G. (2012), S. 17.
[38] Vgl. Quack, K. (2013).

und R+V. In diesem Jahr sollen weitere GDV-Mitglieder folgen.[39] Doch wie funktioniert die TGIC?

4.1. Funktionsweise TGIC

Zentraler Baustein der Erweiterungen des GDV-Branchennetzes zur TGIC ist das sogenannte „Insurance Trust Center" (ITC). Dieses dient der sicheren Authentifizierung von Kommunikationspartnern und liefert die benötigten Daten für die Autorisierung (Insurance Security Token Service [ISTS]). „Der ISTS soll langfristig zu einer zentralen Instanz für eine breite Anzahl von internetbasierten Anwendungsfällen der Versicherungsbranche ausgebaut werden."[40] Er unterschützt dabei die wechselseitige Authentifikation von Versicherungsunternehmen, Vertriebs- und Kooperationspartnern, Behörden und möglicherweise auch Endkunden. Welche Optionen es bei der Authentifikation gibt, wird im Rahmen des nächsten Kapitels „Sicherheit in der TGIC" erläutert.

Durch folgende Abbildung des ITC wird deutlich, welche Akteure die Dienste des ITC nutzen und welche Systeme an die ITC angebunden sind.

---

[39] Vgl. Fallenbeck, N.; Windhorst, I. (2014).
[40] Peters, J. (2013), S. 12.

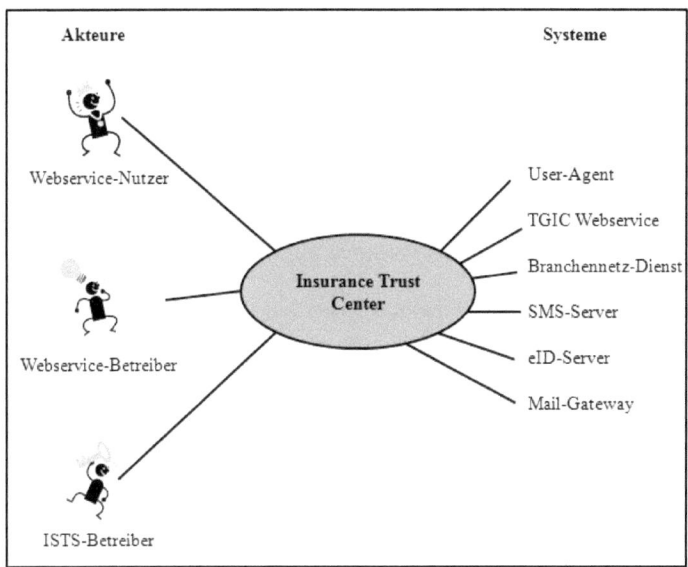

Abbildung 3 Akteure und Systeme ITC[41]

4.2. Sicherheit in der TGIC

Laut Christoph Schmallenbach, Vorstand der Generali Deutschland Holding AG, ist die Übertragung von Daten in die TGIC mit einem Containermodell vergleichbar. Die Versicherungsunternehmen und ihre Kooperationspartner transportieren Inhalte über die TGIC. Dabei hat der GDV keinen Einblick in die Inhalte, es sei denn, er ist dazu gesetzlich verpflichtet. Vor der Übertragung etikettiert der Nutzer den Container und verpflichtet sich damit, auch nur die etikettierten Inhalte zu transportieren (Zollpapiere). Der Verband nimmt keine rechtliche oder datenschutzrechtliche Überprüfung der Container vor.[42]

Der bereits erwähnte ISTS ist eine optimale Authentifizierungslösung für die Maschine-Maschine-Kommunikation. Für die Authentifizierung über den ISTS gibt es drei Lösungen:

---

[41] Eigene Abbildung nach: Peters, J. (2013): S. 15.
[42] Vgl. Schmallenbach, C. (2013), S. 12.

1. Authentifikation via X.509-Nutzer-Zertifikat

2. Authentifikation via neuem Personalausweis (nPA)

3. Authentifikation via mobiler Transaktionsnummer (mTAN)

Bei der Authentifizierung via X.509-Zertifikat wird im Rahmen der Nutzerregistrierung das X.509-Zertifikat gemeinsam mit einem Public Key erstellt und in einem gesicherten Keystore gespeichert und dem Nutzer auf sicherem Weg zur Verfügung gestellt.[43]

Eine zweite Möglichkeit der Authentifizierung in der TGIC bietet der nPA. Dafür müssen jedoch einige Voraussetzungen erfüllt sein: Zunächst muss der Nutzer einen neuen frei geschalteten Personalausweis mit 6-stelligem Pin besitzen. Das Endgerät muss über ein geeignetes Kartenlesegerät verfügen, auf dem ein eID-Client installiert sein muss. Nachteil der Authentifizierung über den nPA ist, dass bislang nur 17,5% der Bürger den neuen Personalausweis besitzen. Von diesen haben nur weitere 30% die eID-Funktion aktiviert. Zudem ist das Kartenlesegerät teuer.[44]

Auch für die Authentifizierung via mTAN müssen einige Voraussetzungen erfüllt sein. So muss es sich bei dem Nutzer um eine natürliche Person handeln, dessen Mobilfunknummer im Nutzerprofil zur mTAN-Authentifikation registriert wurde. Hierzu generiert der ISTS eine Transaktionsnummer und übergibt den Inhalt zusammen mit der Mobilfunknummer des zu authentisierenden Nutzers als kurze Textnachricht an den SMS-Server. Nach Eingabe der Transaktionsnummer durch den Nutzer vergleicht der ISTS die generierte mit der eingegebenen Transaktionsnummer. Aus Sicherheitsgründen sollte das Mobiltelefon bei der Authentifikation via mTAN nicht das Endgerät sein.[45]

Mit der TGIC wird somit eine moderne vom BSI zertifizierte Kommunikationsinfrastruktur der deutschen Versicherungswirtschaft bereitgestellt. „Mit der Realisierung der TGIC (…) schafft die Versicherungswirtschaft die erforderlichen Rahmenbedingungen, um künftig gleichberechtigt nebeneinander E-Government- und E-Business-Anwendungen vertraulich, sicher und effizient im Sinne seiner Mitgliedsunternehmen abwickeln zu können."[46]

---

[43] Vgl. Peters, J. (2013), S. 25 ff.
[44] Vgl. ebenda.
[45] Vgl. ebenda.
[46] Duisberg, A. et al. (2011), S. 17.

5. Schluss

Die aktuellen wirtschaftlichen und technischen Herausforderungen erfordern von Versicherungsunternehmen neue Innovationen und Standardisierungsmöglichkeiten, um Geschäftsprozesse zu vereinfachen, Kosten einzusparen und um langfristig am Markt bestehen zu können.

Cloud Computing hat sich inzwischen über einen anfänglichen Hype hinaus entwickelt und findet Einzug in zahlreiche Unternehmen darunter auch Versicherer. Dabei können Versicherungsunternehmen von den Vorteilen einer Cloud hinsichtlich Flexibilität und Skalierbarkeit profitieren. Vor allem für standardisierte Prozesse in der Kraftfahrt- oder Sachversicherung sowie für die Antrags- und Schadenbearbeitung können Cloud-Lösungen genutzt werden. Zukünftig wäre die Nutzung der TGIC auch für das Senden von Unwetterwarnungen vorstellbar.

Die Auswahl des Cloud-Anbieters ist für den Erfolg ausschlaggebend. So sollte ein Cloud-Anbieter transparente Informationen bezüglich des Datenschutzes und der Datensicherheit zur Verfügung stellen, damit der Nutzer den damit verbundenen rechtlichen Rahmen kennt. Bei Fragen oder Problemen sollte der Cloud-Anbieter beraten und unterstützen können.

Mit der TGIC soll erstmalig eine Kommunikation zwischen Versicherungsunternehmen und deren Kooperationspartnern über eine Cloud stattfinden. Mit der Zertifizierung durch das BSI wurde der TGIC zwar ein hoher Sicherheitsstandard zugesprochen, gibt ihr aber nicht für alle Zeit eine Unbedenklichkeitsbescheinigung hinsichtlich ihrer Sicherheit. Weitere Zertifizierungen und eine regelmäßige Weiterentwicklung der Sicherheitsstandards sollten in Zukunft erfolgen, um sensible Kundendaten vor Datenklau zu sichern. Das Ausmaß von einem Datenverlust würde das Vertrauen der Kunden in die Versicherungsbranche, welche als Sinnbild für Sicherheit steht, extrem schmälern.

Die Nutzung der TGIC sollte auch für kleine Versicherungsunternehmen, Vermittlerbüros und weitere Kooperationspartnern hinsichtlich Aufwand und Kosten möglich sein, da sie sonst auf wenig Akzeptanz treffen wird.

Eine Handlungsempfehlung für Versicherungsunternehmen hinsichtlich der Nutzung von Cloud-Lösungen zu geben, ist schwierig. Es sollte aber in jedem Fall vorab intensiv geprüft werden, an welcher Stelle Cloud-Dienste eingebunden werden können und ob Cloud-Lösungen zur IT-Strategie des Versicherungsunternehmens passen.

III. Quellenverzeichnis

Bain & Company (2013): *Was Versicherungskunden wirklich wollen*, München 2013, S. 4.

BITKOM (2009): *Cloud Computing – Evolution der Technik, Revolution im Business*, Berlin 2009, S. 12.

Bundesamt für Datensicherheit (2012): *Sicherheitsempfehlungen für Cloud Computing Anbieter*, Bonn 2012, S. 18, S. 37.

Friedrich, G. (2012): *Cloud Computing in der Versicherungswirtschaft*, Leipzig, S. 6, S. 9, S. 17, S. 21.

Ketzer, Dr. R., Pötter, C. (2014): *Konjunkturentwicklung gefestigt - respektables Geschäftsergebnis in der Versicherungswirtschaft*, Gesamtverband der deutschen Versicherungswirtschaft e.V. (Hrsg.), Berlin 2014, S. 5.

Gutberlet, K.-W. (2013): *Kommunikation der Zukunft – Standards setzen für einen besseren und schnelleren Datenaustausch*, Dortmund, S. 3.

Metafinanz Informationssysteme GmbH (2011): *Cloud Computing - Konsolidierung mit IT-Services aus der Wolke*, München 2011, S. 2.

Peters, J. (2013): *Anbindungsleitfaden für Webservice-Betreiber und Web-Service-Nutzer in der TGIC*, S. 12, S. 15, S. 25 ff., o.O.

Pott, U. (2014): *IT-Sicherheit:„Versicherungscloud erhält erstes staatliches Prüfsiegel"*, Berlin (2014).

Schardt, R. (2013): *Sichere Prozesse in der Cloud*, Köln, S. 3 ff.

Schmallenbach, C. (2013): *Vernetzt in die Zukunft*, Dortmund 2013, S. 12.

Schmidt, W. (2012): *Bedeutung des e-Governments für die Versicherungswirtschaft*, o.O., S. 3.

Zwick, M. (2013): *Cloud-Computing im Vermittlerbüro*, Ahrensburg 2013, S. 11

O.V. (2011): *Cloud Computing – Einsatz und Nutzen für kleine und mittlere Unternehmen*, GS1 Germany GmbH, Institut der deutschen Wirtschaft Köln Consult GmbH (Hrsg.), Köln 2011, S. 11 f.

O.V. (2012): *Sicheres Cloud-Computing*, Hohl, P. (Hrsg.), Ingelheim 2012, S. 12.

24

Internetquellen:

FONDS professionell online (2014): *EU-Parlament beschließt Beipackzettel für Finanzprodukt.* URL: **http://www.fondsprofessionell.de/news/vertrieb-praxis/nid/eu-parlament-beschliesst-beipackzettel-fuer-finanzprodukte/gid/1012646/ref/1/**, zugegriffen am 19.06.2014.

Cash.online (2014): *IMD 2: EU-Parlament verabschiedet Entwurf.* URL: **http://www.cash-online.de/versicherungen/2014/imd-2-2/171742**, zugegriffen am 19.06.2014.

Gesamtverband der Deutschen Versicherungswirtschaft (2013): *Versicherungswirtschaft und Datenschützer schaffen neue Maßstäbe für Datenschutz.* URL: **http://www.gdv.de/2013/03/versicherungswirtschaft-und-datenschuetzer-schaffen-neue-massstaebe-fuer-datenschutz/**, zugegriffen am 19.06.2014.

Gesamtverband der Deutschen Versicherungswirtschaft (2014): *Informationstechnologie.* URL: **http://www.gdv.de/2014/04/informationstechnologie/**, zugegriffen am 19.06.2014.

Das Tagesbriefing für die Versicherungswirtschaft (2014): *Sprechstunde beim @AssekuranzDoc: Versicherer wollen Kostensenkung durch Cloud.* URL: **http://www.tagesbriefing.de/2014/04/01/sprechstunde-beim-assekuranzdoc-versicherer-wollen-kostensenkung-durch-cloud/**, zugegriffen am 19.06.2014.

Fallenbeck, N.; Windhorst, I. (2014): *Sicheres Cloud Computing.* URL: **http://www.computerwoche.de/a/sicheres-cloud-computing,2527898,2**, zugegriffen am 19.06.2014.

Quack, K. (2013): *Trusted German Insurance Cloud.* URL: **http://www.computerwoche.de/a/trusted-german-insurance-cloud,2556494**, zugegriffen am 19.06.2014.